Alain DALOUCHE
Alain ROSSELLI

COURIR EN VILLE

UTILISEZ LE MOBILIER URBAIN POUR VOS ENTRAÎNEMENTS !

45 ateliers
adaptés aux coureurs débutants et confirmés

@mphora
27, rue Saint-André des Arts - 75006 PARIS

Maquette
alphastudiocom.com

Photos
Denis Boulanger

Imprimé dans l'Union Européenne
EPEL - Hendaye

ISBN 985-2-85180-844-8

Alain Rosselli

Sommaire

	FICHE	PAGE
1 Mode d'emploi		10
A | Quel sportif êtes-vous ?		12
B | Quel mobilier utiliser ?		14
C | Comment composer ma séance ?		16
D | La maîtrise de la course à pied		18
E | Les règles d'or de l'entraînement		22
F | Les intensités à connaître		25
2 Comment utiliser les différents mobiliers urbains ?		28
MOBILIER URBAIN 1 — ESCALIERS		30
À volées moyennes, de 15 à 30 marches		
• Montée marche par marche	1	30
• Bondissements par deux ou trois marches	2	32
• Pas du patineur	3	34
• Sauts pieds joints	4	36
• Franchissement à cloche-pied	5	38
À volées courtes, de 4 à 5 marches		
• Montée et descente	6	40
• Montée et saut	7	42
À volées longues, au-delà de 50 marches		
• Franchissement marche par marche	8	44

	FICHE	PAGE
MOBILIER URBAIN 2 — **BANCS**		**46**
Sans dossier :		
• Saut avec appui	9	46
• Saut sans appui	10	48
• Saut pieds joints	11	50
• Renforcement des dorsaux	12	52
• Abdominaux	13	54
• Danse des cosaques	14	56
• Élévations sur quadriceps	15	58
Avec dossier		
Étirement du dos	16	60
Pompes inclinées	17	62
Musculation du cou	18	64
MOBILIER URBAIN 3 — **RAMBARDES ET BARRIÈRES**		**66**
Rambardes		
• Bondissements	19	66
• Accélérations	20	68
• Tractions	21	70
• Étirement balistique	22	72
• Renforcement des fessiers	23	74
• Étirement des ischio-jambiers	24	76
Barrières hautes		
• Relaxation	25	78
• Tractions en pronation	26	80
• Tractions en supination	27	82

MOBILIER 4 URBAIN

	FICHE	PAGE
POTELETS, PLOTS ET TROTTOIRS		**84**
Potelets simples		
• Étirement balistique	28	84
Potelets en série		
• Slalom	29	86
Plots		
• Équilibre dynamique	30	88
• Équilibre statique	31	90
• Sauts pieds joints	32	92
• Sauts latéraux	33	94
• Changements de pieds	34	96
Bordures de trottoirs		
• Stepper	35	98

MOBILIER 5 URBAIN

	FICHE	PAGE
APPUIS VERTICAUX		**100**
Poteaux et bordures de trottoirs		
• Relaxation articulaire	36	100
• Musculation des mollets	37	102
• Étirement des mollets	38	104
Arbres		
• Poussée horizontale	39	106
Grilles		
• Ouverture du thorax	40	108

	FICHE	PAGE
6 MOBILIER URBAIN — MURS ET MURETS		110
Murs		
• Chaise à quadriceps	41	110
Murets bas		
• Fente avant	42	112
• Musculation des triceps	43	114
• Étirement des ischio-jambiers	44	116
• Étirement des adducteurs	45	118
Index des ateliers		121

Comme Zatopek !

Un coup d'œil dans le rétro nous renseigne sur quelques aspects de la préparation d'Emil Zatopek, un des plus grands coureurs de tous les temps qui révolutionna l'entraînement en prônant l'effort multiple, les travaux physiques, les sprints, les longues distances. Cet athlète complet n'hésitait pas à utiliser son environnement pour sa préparation. Ses courses dans les forêts Tchécoslovaques enneigées, équipé de bottes de l'armée, ont contribué à bâtir sa légende.

Adepte de l'interval training et des entraînements en pleine nature, ce champion hors norme prônait l'écoute des sensations. Ne disait-il pas : *« Le vrai sportif, sait ce qui se passe en lui »*. Comme Zatopek, échappez-vous des entraînements routiniers et convenus qui placent d'un côté les coureurs confirmés ne jurant que par le fractionné ; de l'autre les débutants multipliant les joggings à faible allure. Des perspectives peu souriantes, ni toujours très efficaces.

Utilisez votre environnement et écoutez vos sensations. Sautez, grimpez, renforcez-vous, les forêts et montagnes sont au pied de chez vous, dans les rues et les parcs.

1

Mode d'emploi

La spécificité des entraînements constitue une règle d'or pour la compétition comme pour le loisir. Fixez-vous un thème de séance puis composez votre entraînement autour des mobiliers disponibles en suivant les exercices développés dans ces pages. Se concentrer sur une spécificité technique ou physique garantira votre progression.

L'index, en fin d'ouvrage, doit vous aider à sélectionner les ateliers adaptés. Enfin, suivez les consignes délivrées en effectuant les exercices adaptés à votre niveau, elles sont le fruit d'années d'expérience. Et ne brûlez pas les étapes. Plusieurs courtes séances restent souvent préférables à une longue, nous ne manquerons pas de vous le rappeler tout au long de cet ouvrage.

A | Quel sportif êtes-vous ?

DÉBUTANT

Vous débutez la course à pied, voire le sport. Pour certains d'entre-vous, votre passé sportif est déjà bien loin. Pensez à la progressivité de vos entraînements !

CONFIRMÉ

Vous êtes un joggeur qui s'entretient par la course, sans rechercher la performance, ou alors un sportif aguerri, novice en course à pied. Pensez à la diversité des exercices !

COMPÉTITEUR

Avec quelques années de pratique, vous n'hésitez pas à vous aligner régulièrement au départ de grandes épreuves. Votre plaisir passe par quelques défis et chronos. Pensez à la spécificité de vos séances !

Annette SERGENT

"Lorsque j'étais athlète de haut niveau, j'utilisais les obstacles naturels pour mes entraînements (trottoirs, escaliers...) et je continue de m'entraîner de la sorte. Je constate autour de moi que de nombreux amateurs ne courent qu'en endurance : beaucoup ne progressent pas en répétant sans cesse les mêmes entraînements. C'est en variant le travail et en se fixant des objectifs que l'on peut progresser.

L'intérêt d'utiliser les mobiliers urbains est d'améliorer sa condition physique générale. Cela évite aussi l'ennui. Se préparer à la course ne se limite pas au travail des jambes, il faut aussi travailler le haut du corps et acquérir une bonne musculature de tout le corps. Il ne s'agit pas de faire du body-building, mais de renforcer de façon équilibrée et globale tout les systèmes musculaire, articulaire et tendineux, afin de disposer d'une meilleure aisance en course et d'éviter les blessures. Pendant une course longue ou intense, la fatigue se ressent aussi dans le haut du corps, l'acide lactique se diffusant dans tous les muscles et pas seulement dans les jambes. De plus, si le haut du corps s'affaisse, le bas du corps va en souffrir ; la posture va être modifiée, ne permettant pas une bonne oxygénation."

B | Quel mobilier utiliser ?

L'inventaire proposé dans cet ouvrage est loin d'être exhaustif. Près de chez vous, d'autres mobiliers, similaires ou proches, se prêtent certainement aux exercices abordés ici. Utilisez-les et étalonnez les distances qui les séparent, vous constituerez ainsi vos propres terrains d'entraînement.

> Les escaliers

Un des mobiliers urbains offrant certainement le plus de possibilités d'entraînement. Les marches sont idéales pour se préparer aux trails et aux dénivelés positifs des courses sur route. Mention spéciale pour les escaliers à volées moyennes, de 15 à 30 marches, au potentiel quasiment infini. Évitez les chaussures de sport au talon trop rehaussé et prenez garde aux marches mouillées, irrégulières ou cassées.

> Les bancs

Avec ou sans dossiers, les bancs ne sont pas seulement destinés aux contemplatifs ou aux amoureux. Les sportifs trouvent dans ces longs sièges un mobilier propice aux sauts, au renforcement musculaire ou aux étirements.

> Les rambardes et barrières

Tractions sur les barrières ou étirements des ischio-jambiers sur les rambardes sont loin d'être les seules possibilités offertes par les appuis horizontaux.

Ces mobiliers se détournent facilement pour réaliser des exercices d'impulsion et d'accélération.

> Les potelets, plots et bordures de trottoirs

Simples, doubles ou espacés façon slalom, les petits poteaux abondent sur les trottoirs, tout comme les plots de voirie. Les services d'urbanisme savent-ils toutes les possibilités de jeux et d'entraînement qu'ils offrent ?

> Les appuis verticaux

Poteaux, arbres, barrières ou portails sont autant d'occasions de s'accrocher, de s'équilibrer et de se renforcer musculairement. Ne les négligez pas !

> Les murs et murets

Hauts ou bas, les murs se prêtent volontiers aux étirements, mais pas uniquement. Ils se révèlent d'une efficacité redoutable pour le renforcement musculaire.

C | Comment composer ma séance ?

De façon immuable, une séance d'entraînement se décompose en trois phases : l'échauffement, le corps de séance et le retour au calme.

> **L'échauffement,** d'une durée minimum de 10 minutes, peut être prolongé pour une séance très matinale ou intensive. Il s'adresse à tout l'organisme (cœur, muscles, tendons...) et doit vous amener progressivement de l'intensité de la vie quotidienne à celle de la séance envisagée. De la même manière, l'échauffement doit préparer l'appareil locomoteur à la thématique de la séance : si vous envisagez de travailler la vitesse, des accélérations doivent être intégrées à l'échauffement.
Cette préparation à l'exercice ne doit pas être négligée, ni escamotée. Votre temps est compté ? Dans ce cas, il est préférable de raccourcir le corps de la séance plutôt que l'échauffement.

> **Le corps de séance,** pendant lequel vous enchaînez courses et exercices aux intensités choisies. Avant de chausser vos running, posez-vous la question : quel va être le contenu de ma séance aujourd'hui ? Concentrez-vous sur une thématique technique (travail de propulsion, d'appui...), d'intensité cardio-vasculaire (seuil, sprints...) ou musculaire (renforcement des quadriceps, des muscles du haut du corps...). Le footing de récupération en endurance et la séance de fractionné à VMA (vitesse maximale aérobie) sont loin d'être les

seules séances de course envisageables. L'autre aspect essentiel de la séance doit être le plaisir. Amusez-vous, retrouvez le plaisir d'enfant des sauts, des équilibres ou des accélérations. Jouez !

> **Le retour au calme,** d'une durée minimum de 5 minutes - en général la moitié de la durée de l'échauffement -, ce passage obligé vous fait prendre le chemin inverse de celui de l'échauffement pour retrouver progressivement l'intensité de la vie quotidienne. Sur le plan cardio-vasculaire, votre fréquence restera légèrement supérieure à celle enregistrée avant l'effort.

D | La maîtrise de la course à pied

À chaque appui au sol, le coureur reçoit et restitue de l'énergie. Pour accumuler au mieux cette énergie mécanique à la réception, puis la restituer au rebond, le coureur ne doit pas s'écraser au sol. Les muscles et tendons agissent comme des ressorts. Trop mous, ils s'affaissent. Pour rebondir vers l'avant, le corps entier doit être suffisamment solide et tonique. Dans le cas contraire, l'énergie se disperse et se trouve définitivement perdue pour le coureur.

Cette restitution de l'énergie dépend aussi de la position par rapport au sol. Là encore, à l'image du ressort, le coureur devra rechercher le meilleur angle de réception et de propulsion.
Cette notion de "qualité de pied", primordiale dans le haut niveau, reste essentielle pour le sportif amateur ou le coureur du dimanche.

De ces observations découlent deux principes : la nécessité d'acquérir d'une bonne technique de course et celle d'une préparation physique généralisée.

Pour le loisir ou la compétition, ces règles d'or prévalent. Elles sont également synonymes de santé et de bien-être. Sans une bonne musculature générale, notamment du haut du corps, souvent négligée par les coureurs amateurs, vous pouvez terminer vos courses en souffrance, dans des postures traumatisantes.

> La réception

Quels que soient votre type de foulée (en cycle avant ou en cycle arrière), vos terrains de prédilection (trail ou route), vos distances favorites (courtes ou longues) et vos objectifs (loisir ou compétition), il est important de posséder une cheville forte et un pied assuré.
Pour les améliorer, retrouvez les exercices participant au renforcement de la cheville et à l'amélioration de la réception.

> La direction

Le pied au sol doit "montrer la bonne direction" et se trouver dans l'axe de la course. Le pied trop ouvert ou trop fermé, la foulée perd de son efficacité. Des exercices "d'alignement" se réalisent aisément dans l'environnement urbain.

> L'impact

Quels que soient votre type de foulée, votre morphotype ou vos objectifs, le dénominateur commun consiste à ne pas s'écraser au sol et à éviter de se désunir.
Le gainage du buste, le renforcement des membres supérieurs et du cou revêtent toute leur importante dans cette phase. D'autant plus qu'au fil des kilomètres, la fatigue amplifie les phénomènes d'écrasement au sol. Profitez du mobilier urbain pour vous renforcer musculairement.

> L'appui et la transition

Pendant la course, d'une jambe le pied pousse le sol avec l'aide du quadriceps tandis que de l'autre, l'ischio-jambier monte le talon aux fesses.
Ce chassé-croisé musculaire se prépare aussi par des exercices d'appui.

> La propulsion et l'extension

Avant le décollage, la jambe arrière se tend. Une solide stabilité du bassin et un "bagage articulaire" adapté facilitent cette phase. Utilisez le mobilier urbain à votre disposition pour optimiser ce mouvement.

> L'amplitude et l'envol

Dans cette phase d'envol, la coordination doit être impeccable. Tout geste parasite ou mauvais placement du corps nuirait, d'où la nécessité d'acquérir une musculation générale de qualité.

E | Les règles d'or de l'entraînement

> La progressivité

Les bonnes résolutions portent leur comptant d'excès. Prendre le pari de s'engager sur un marathon alors que son dernier footing date de plus de 2 ans, ou partir sur un trail longue distance, chargé d'un surpoids de plus de 10 kg, n'est pas sans risque. L'appareil locomoteur exige un temps d'adaptation. La pompe cardiaque aussi. Savez-vous que plus de 1000 personnes décèdent chaque année en France en pratiquant leur activité physique préférée ? Alors avant de reprendre le sport après une longue période d'inactivité, une épreuve d'effort réalisée avec un cardiologue du sport sera une sérieuse garantie sur vos projets sportifs. Ensuite, la progressivité constitue une règle essentielle : montez en puissance en augmentant peu à peu l'intensité, la durée et la fréquence des séances, et fixez-vous des objectifs réalistes.

> La continuité

Quand vous arrêtez, vous régressez ! Après six à douze semaines sans entraînement, vous retrouvez les caractéristiques physiologiques d'un joueur d'échec ! Il vous faudra environ deux fois plus de temps pour récupérer votre niveau. Sachez qu'à l'issue de six mois de sédentarité, vous perdez tous les bénéfices santé de votre pratique antérieure.

Les études scientifiques révèlent qu'une activité sportive d'intensité moyenne se montre bénéfique pour la santé si elle est pratiquée trois fois par semaine. Avec un seul entraînement hebdomadaire, vous allez perdre en grande partie les bénéfices de la séance précédente. Vous progresserez peu, votre corps considérera cette sollicitation comme trop peu fréquente, inhabituelle et stressante !

> La spécificité

Pour progresser, il faut solliciter tous les paramètres de la performance. À chaque séance, vous devez savoir ce que vous allez entraîner. Pour être endurant, vous ne pouvez pas vous contenter d'enchaîner les séances en augmentant leur durée et leur intensité. Un marathonien ne chausse pas quotidiennement ses running pour tenter de courir 42,195 kilomètres plus vite que la veille. À ce rythme-là, il explose en trois jours ! De façon moins caricaturale, reproduire toujours les mêmes séances devient vite inefficace. Vos entraînements doivent évoluer suivant votre niveau et vos objectifs. Pensez à inclure des séances techniques, des séances de renforcement musculaire et ne négligez pas la récupération à faible intensité.

Annette SERGENT

"Pour rester efficace, il faut travailler différemment et ne pas refaire chaque fois les mêmes exercices. De plus, en mobilisant les différents groupes musculaires, vous risquez moins la blessure. À la fin de ma carrière, mes entraînements étaient devenus trop monocordes. Je restais dans ce que je savais bien faire et je me suis davantage blessée. Je reste convaincue que je me blessais parce que je ne travaillais pas assez ma condition physique générale, c'est-à-dire les bases !

Nous disposons d'un capital santé et de capacités physiques. Ce niveau a tendance à décliner et on perd très vite sa condition si on ne la travaille pas plus.

Il est également préférable d'effectuer plusieurs petites séances plutôt qu'une grosse de temps en temps. Pour la mémoire corporelle, cela laisse davantage de traces. La régularité est importante. Pour cette raison et pour travailler en douceur et de façon progressive, les débutants ne doivent pas hésiter à marcher/courir/marcher/courir..."

F | Les intensités à connaître

Reconnaître son intensité de course, sans conserver ses yeux rivés sur un cardio-fréquencemètre, permet d'adapter son allure à sa forme du moment, ce que la montre ne calcule pas.

> Endurance fondamentale

Vous ressentez une très légère augmentation de la fréquence respiratoire et de l'amplitude des mouvements thoraciques. Vous pouvez parler sans gêne et même chanter.

La sensation de produire un effort léger ne provoque aucune gêne musculaire ou articulaire. Il s'agit de l'intensité du jogging léger ou de la sortie de récupération.

> Endurance active

La fréquence respiratoire augmente, mais vous évoluez toujours en aisance respiratoire. Vous pouvez toujours parler, mais pas chanter.

L'effort reste encore assez facile à soutenir pour cette intensité reine des épreuves d'endurance d'une durée de 1 heure à 5 heures, du semi-marathon au marathon.

> Seuil

Vous pénétrez dans la zone rouge du sportif d'endurance. L'acide lactique s'élève dans le sang, l'essoufflement vous guette. Vous pouvez encore parler, mais vos phrases ne dépassent pas 6 à 8 mots. Sur le plan musculaire, les cuisses tiédissent. L'effort commence à être difficile. L'aisance n'est plus au rendez-vous.

Cette intensité reste à privilégier pour des entraînements axés sur la performance. Les sportifs de haut niveau courent les semi-marathons à cette intensité qu'ils peuvent maintenir autour d'une heure. De leur côté, les amateurs peuvent évoluer à cette intensité de 30 à 45 minutes.

> VMA (vitesse maximale aérobie)

L'essoufflement s'élève et l'organisme s'acidifie à mesure que l'effort se prolonge. Les muscles brûlent de plus en plus, l'aisance psychomotrice n'est plus là, les gestes s'alourdissent, la foulée a tendance à "piocher".

Cette vitesse de course est atteinte lorsque vous évoluez au maximum du métabolisme aérobie, à votre fréquence cardiaque maximum (VO2 max). Elle peut être maintenue de 3 à 11 minutes en continu, selon le niveau. Un sédentaire dispose d'une VMA de 13 km/h, un marathonien de haut niveau, de 22 à 23 km/h.

Comment utiliser les différents mobiliers urbains ?

- Mobilier urbain 1 — ESCALIERS
- Mobilier urbain 2 — BANCS
- Mobilier urbain 3 — RAMBARDES BARRIÈRES
- Mobilier urbain 4 — POTELETS - PLOTS TROTTOIRS
- Mobilier urbain 5 — APPUIS VERTICAUX
- Mobilier urbain 6 — MURS - MURETS

MOBILIER 1 URBAIN

ESCALIERS à volées moyennes, de 15 à 30 marches

MONTÉE MARCHE PAR MARCHE

EXERCICE

- Vous devez rechercher une certaine vélocité et augmenter votre fréquence de course. Si votre vitesse d'approche est trop lente, élevez le rythme et la fréquence de la foulée en piétinant devant les escaliers avant de les aborder.
- Ensuite, redescendez en récupération active en marchant ou en petite foulée, selon votre condition physique. Restez vigilant dans la descente.

INTÉRÊT

Le franchissement marche par marche apporte coordination et vélocité.

Pour accroître son tempo, le raccourcissement de la foulée oblige à monter rapidement les genoux.

DÉBUTANT

Cette montée peut se réaliser avec des temps d'arrêt et de récupération intermédiaires toutes les 3, 4 ou 5 marches selon votre niveau. Dans ce cas, il convient de ne pas s'arrêter complètement, mais de piétiner ou de sautiller sur place. Après la descente en petite foulée ou en marche, renouvelez cette montée une fois votre fréquence cardiaque initiale retrouvée.
Ce bloc de 2 montées/descentes peut se renouveler 7 fois, avec une récupération libre entre chaque série.

CONFIRMÉ

Répétez 3 fois la montée/descente (redescente en petite foulée ou en marche), puis récupérez une minute et renouvelez ce bloc de 5 à 7 fois.

COMPÉTITEUR

Les compétiteurs répéteront 5 fois l'enchaînement montée/descente. Ce bloc de 5 montées/descentes peut se renouveler 6 fois avec une récupération intermédiaire de 45 secondes.

VARIANTE

Une alternative pour les plus à l'aise : la montée en marche arrière. Un bon exercice pour le renforcement des quadriceps et pour la coordination.

L'AVIS *d'Annette Sergent*

"Les montées de marches permettent d'effectuer un travail de propulsion intéressant, d'optimiser la posture et la coordination afin d'améliorer la foulée. Elles constituent une préparation idéale pour les trails et courses de montagne. Plutôt que de conserver une foulée monocorde en alignant des kilomètres de footing sur le plat, vous allez améliorer votre fréquence, mais aussi gagner en puissance, avec un bon travail des mollets et quadriceps.

Pour en retirer tous les bénéfices, il faut conserver une foulée dynamique. Les débutants gagneront à monter les marches en marchant avec tonicité plutôt que de chercher à courir et de s'écraser à chaque foulée. L'idée-force est de ne pas subir le dénivelé, mais de rester acteur."

MOBILIER 1 URBAIN

ESCALIERS à volées moyennes, de 15 à 30 marches

BONDISSEMENTS PAR 2 OU 3 MARCHES

EXERCICE

• Le franchissement des marches deux par deux pour les débutants peut passer à trois par trois, voire quatre par quatre pour les sportifs plus aguerris… ou les grands gabarits.

• La montée doit s'effectuer à une cadence soutenue, en restant tonique et en veillant à ne pas s'écraser à la réception. Vous redescendrez les escaliers en marchant ou en petite foulée, selon votre niveau.

• Si votre vitesse de course d'approche est lente, élevez le rythme et la fréquence de la foulée avant d'aborder les escaliers. Pour pallier l'éventuelle absence de course d'élan, augmentez votre fréquence en piétinant très rapidement au pied de la première marche avant de vous élancer.

INTÉRÊT

Ces bondissements développent l'explosivité, améliorent l'amplitude de la foulée et renforcent les quadriceps.

Ce travail d'impulsion est très utile dans les trails, mais aussi dans les montées sur route.

Ceci permet "d'avoir du pied", de développer sa capacité de propulsion.

DÉBUTANT

Enchaînez 3 montées/descentes puis octroyez-vous une récupération complète : votre fréquence cardiaque doit redescendre au niveau de celle du début de l'exercice.

Cette récupération peut consister en un léger trottinement, une marche ou des exercices de relaxation articulaire sur un mobilier urbain proche. Ne restez pas immobile !

Répétez 5 fois cette série.

CONFIRMÉ

Enchaînez 3 montées/descentes puis récupérez partiellement pendant 30 secondes en adoptant une petite foulée pour les descentes.

Répétez 6 fois cette série en vous efforçant de rester régulier : chronométrez-vous et conservez une durée identique pour chacun des enchaînements.

COMPÉTITEUR

Enchaînez 4 montées/descentes puis récupérez partiellement pendant 30 secondes. Redescendez en petite foulée.

Comme pour le niveau confirmé, calculez le temps de l'enchaînement, répétez-le 6 à 7 fois, mais en essayant d'améliorer votre chrono à chacune des séries.

L'AVIS d'Annette Sergent

"Ne débutez pas cet exercice si vous n'êtes pas assez tonique sur les montées marche par marche, afin de ne pas vous écraser sur vos appuis et risquer de vous provoquer des douleurs dorsales.

L'intérêt d'une montée d'escaliers par deux ou trois marches est d'améliorer l'amplitude de la foulée et de travailler certains muscles du dos.

De plus, cet exercice sollicite davantage le haut du corps que les montées marche par marche et demande déjà une certaine puissance.

Pourquoi travailler son amplitude ? Pour gagner en efficacité et aller plus vite sur les parties de course sans dénivelé."

MOBILIER 1 URBAIN

ESCALIERS à volées moyennes, de 15 à 30 marches

PAS DU PATINEUR

EXERCICE

- La montée marche par marche s'effectue par des petits bondissements latéraux. La course doit rester bien rythmée et sautillante en veillant toujours à ne pas vous écraser sur les appuis.
- Redescendez en récupération active en marchant ou en petite foulée, selon votre condition physique.

INTÉRÊT

À l'explosivité s'ajoute un travail latéral souvent négligé dans la préparation à la course. Un renforcement des adducteurs idéal pour la préparation aux trails.

DÉBUTANT

Enchaînez 2 montées/descentes puis octroyez-vous une récupération complète en laissant redescendre votre fréquence cardiaque au niveau de celle du début de l'exercice. Cette récupération peut consister en un léger trottinement, une marche ou des exercices de relaxation articulaire sur un mobilier urbain proche.
Ne restez pas immobile !
Répétez 3 à 4 fois cette série.

CONFIRMÉ

Enchaînez 3 montées/descentes puis récupérez partiellement pendant 30 secondes en adoptant une petite foulée pour les descentes.
Répétez 5 à 6 fois cette série en vous efforçant de rester régulier.

COMPÉTITEUR

Enchaînez 4 montées/descentes puis récupérez partiellement pendant 30 secondes.
Redescendez en petite foulée.
Renouvelez 6 à 7 fois cette série.

L'AVIS d'Annette Sergent

"Si vous participez à des épreuves de type cross ou trails, votre course n'est pas linéaire et les muscles ne travaillent pas dans l'axe.

Cet exercice vous permet de renforcer vos muscles pour les appuis de côté et de les préparer à un effort spécifique, comme les descentes en trail."

MOBILIER 1 URBAIN

ESCALIERS à volées moyennes, de 15 à 30 marches

SAUTS PIEDS JOINTS

Fiche 4

EXERCICE

- Franchissez les marches une à une, en conservant les pieds parallèles légèrement écartés.
- Les bondissements doivent rester réguliers pendant toute la montée.

INTÉRÊT

Un excellent travail d'impulsion et de réception à entreprendre avant de réaliser le franchissement à cloche-pied.

DÉBUTANT

N'hésitez pas à vous aider par des redoublements de saut à chaque réception.
Après une montée d'escalier, redescendez en marchant.

CONFIRMÉ

Enchaînez 2 montées puis une récupération partielle de 30 à 45 secondes avant de reprendre une autre série de 2 montées.

COMPÉTITEUR

L'enchaînement de 5 montées s'effectue en récupérant par un petit trottinement dans la descente.

VARIANTE

Cet atelier se réalise également avec des sauts latéraux, toujours les pieds joints.

Dans un second temps, à ces sauts pieds joints peut s'ajouter un demi-tour pour le gainage des muscles obliques, la concentration et l'aisance.

L'AVIS d'Annette Sergent

"Pour être bien efficace, la posture est importante - comme pour tous les exercices d'ailleurs - et il convient de bien se servir des bras et des abdominaux afin d'aider à l'impulsion et de conserver une position droite."

MOBILIER 1 URBAIN

ESCALIERS à volées moyennes, de 15 à 30 marches

FRANCHISSEMENT À CLOCHE-PIED

EXERCICE

- Franchissement à réaliser marche par marche sur un pied, puis sur l'autre.
- Veillez à être correctement échauffé, en effectuant d'abord des sauts les pieds joints.

INTÉRÊT

Au renforcement articulaire et tendineux au niveau des chevilles, s'ajoute un travail d'impulsion très bénéfique.

DÉBUTANT

Montez deux ou trois marches sur une jambe puis redescendez et renouvelez l'exercice sur l'autre jambe.
Les plus novices pourront remplacer les escaliers par une simple bordure de trottoir.
En cas de déséquilibre, n'hésitez pas à poser l'autre pied au sol avant de repartir à cloche-pied.

CONFIRMÉ

Divisez les escaliers en deux parties, ensuite enchaînez la première partie de la montée sur une jambe, puis la seconde sur l'autre.
Pour faciliter l'enchaînement, autorisez-vous des redoublements de saut à la réception, si nécessaire.

COMPÉTITEUR

À ce niveau, l'enchaînement des marches s'exécute sur une jambe, avec un seul appui (sans redoublement de saut, ni appui de l'autre pied), puis la descente en petite foulée avant de remonter sur l'autre jambe.

L'AVIS *d'Annette Sergent*

"Il s'agit d'un bon exercice, mais le poids du corps étant réparti sur une seule jambe, il est très sollicitant, notamment au niveau de la rotule.

Il est nécessaire de posséder de bons quadriceps pour protéger l'articulation du genou.

N'abordez donc cet atelier qu'après quelques semaines, voire quelques mois d'entraînement si vous êtes en déficit musculaire ou en cas de faiblesse du genou.

Comme pour l'exercice de saut les pieds joints, servez-vous du haut du corps pour vous équilibrer et vous aider à l'impulsion."

MOBILIER 1 URBAIN

ESCALIERS à volées courtes, de 4 à 5 marches

MONTÉE ET DESCENTE

Fiche 6

EXERCICE

- Franchissez les escaliers marche par marche, en avançant et en reculant.
- Cet exercice doit s'effectuer avec vélocité, dans un bon tempo, en pensant à bien relever les genoux et en accentuant le mouvement de balancier des bras.
- Grosse concentration de rigueur.

INTÉRÊT

Cet atelier donne du rythme, fait travailler la coordination et permet de se concentrer sur deux des gestes essentiels de la course : l'élévation des genoux et le balancier des bras.

DÉBUTANT

Un excellent atelier pour les débutants, à renouveler 3 fois. Dans les premiers temps, la descente peut se réaliser en marchant.

Les plus novices apprivoiseront cette gestuelle sur deux marches comme sur un stepper en marquant une pause de 2 à 3 secondes entre chaque montée et descente.

CONFIRMÉ

Enchaînez 4 fois les montées et descentes en courant et marquez une pause de 30 secondes à la fin de chaque série.
À renouveler de 4 à 5 fois sans hésiter à descendre en marchant si vous n'êtes pas à l'aise.

COMPÉTITEUR

Enchaînez 6 fois les montées et descentes en courant et marquez une pause de 30 secondes à la fin de chaque série.

À renouveler de 5 à 6 fois sans hésiter à descendre en marchant si vous n'êtes pas à l'aise.

L'AVIS d'Annette Sergent

"Un exercice intéressant pour le travail de pied et la coordination en montée.

La descente des marches en arrière me fait en revanche un peu peur : son intérêt est de travailler tout le corps, mais cela comporte un risque. Elle peut s'effectuer en marchant, sur un escalier avec une rambarde !"

MOBILIER URBAIN 1

ESCALIERS à volées courtes, de 4 à 5 marches

MONTÉE ET SAUT

EXERCICE

- Montez les escaliers marche par marche puis redescendez-les par un saut, en vous réceptionnant sur un pied afin d'enchaîner la course.
- Il faut veiller à ne pas s'écraser sur la réception.

INTÉRÊT

Un bon travail de réception qui permet de stabiliser ses appuis.
À effectuer avant d'être gagné par la fatigue.

DÉBUTANT

Réservé aux coureurs expérimentés, les débutants se contenteront de l'essayer sur deux marches dans un premier temps.

CONFIRMÉ

Enchaînez 2 fois les montées et descentes en marquant une pause de 30 secondes et en trottinant à la fin de chaque série.
Alternez votre pied d'appel et de réception et renouvelez cette série de 3 à 4 fois.

COMPÉTITEUR

Enchaînez 4 fois les montées et descentes en marquant une pause de 30 secondes et en trottinant à la fin de chaque série.
Alternez votre pied d'appel et de réception et renouvelez cette série de 4 à 5 fois.

L'AVIS *d'Annette Sergent*

"Il est toujours intéressant de travailler l'amortissement pour le trail.

Attention toutefois à ne pas exécuter ces sauts à froid et/ou en fin d'entraînement, lorsque la fatigue se fait sentir.

Il faut penser à bien amortir le saut avec les jambes pour ne pas se faire mal au dos et se cambrer."

MOBILIER 1 URBAIN

ESCALIERS à volées longues, au-delà de 50 marches

FRANCHISSEMENT MARCHE PAR MARCHE

Fiche 8

L'EXERCICE

• Vous devez conserver un tempo régulier pendant toute la montée, en veillant à garder le buste bien droit et à ne pas écraser votre foulée.

L'INTÉRÊT

Cet exercice ajoute une gestion de l'effort au travail cardio-vasculaire et musculaire : il s'agit de parvenir jusqu'en haut sans se retrouver complètement "cramé".
Les escaliers longs se prêtent à un travail de fractionné pour les coureurs confirmés et les compétiteurs.

DÉBUTANT

Avant de débuter en courant, vous devez être capable de gravir ces escaliers d'un bon pas, en marche active. À tester avant de vous lancer !
En course, il convient de se ménager des pauses régulières, toutes les 40 marches environ, avec des exercices de relâchement, de relaxation, des étirements légers...
Le mot d'ordre est d'attendre la récupération complète avant de repartir.

CONFIRMÉ, COMPÉTITEUR

La montée complète s'effectue en petite foulée. Effectuez un test chronométré de la première à la dernière marche puis divisez les escaliers en plusieurs parties (2, 3, 4, 8...) et intercalez des périodes de récupération de 30 secondes entre chaque tronçon.
Les compétiteurs peuvent enchaîner plusieurs séries en redescendant en petite foulée, mais également en redescendant en appuis latéraux (pas du patineur), dos aux escaliers.

L'AVIS *d'Annette Sergent*

"Intéressant pour la gestion de l'effort et le travail sur la fatigue.

Les premières séances, partez tranquillement et pensez à bien respirer tout le long ; si vous "coincez", n'hésitez pas à faire des pauses. Le muscle doit apprivoiser l'exercice. Il faut toujours avoir en tête cette notion de progressivité.

Sur des escaliers longs, on travaille davantage son système cardio-respiratoire, donc cet exercice va rendre la course plus facile sur des allures plus lentes. C'est un peu comme si l'on évoluait dans une petite pièce et que l'on poussait les murs pour accroître son espace vital, son confort."

MOBILIER 2 URBAIN

BANCS sans dossier

SAUT AVEC APPUI

EXERCICE

- Dans la course, sautez sur le banc en ne posant qu'un pied d'appui, puis réceptionnez-vous de l'autre côté sur l'autre pied.
- Changez de pied d'appui à chaque passage.

INTÉRÊT

Un atelier bénéfique au niveau du timing, mais aussi pour l'amélioration de la qualité de vos appuis en propulsion et en réception.

DÉBUTANT

Cet exercice est à réaliser 5 à 6 fois, en prolongeant la course d'environ 3 mètres après la réception, puis en faisant demi-tour pour revenir vers l'obstacle.
L'exercice peut se réaliser en marchant, en s'aidant d'un appui de la main sur l'avant du genou pour franchir le banc.

CONFIRMÉ, COMPÉTITEUR

Pour les coureurs plus aguerris, cet exercice constitue un excellent échauffement et peut s'enchaîner à volonté en prenant soin de changer de pied d'appel.

L'AVIS d'Annette Sergent

"Le changement de pied va permettre de renforcer également la jambe "moins forte" (on en a toujours une).

Soyez dynamique à l'impulsion, poussez sur l'appui qui sera bref puis, en redescendant du banc, il va falloir amortir la réception sur l'appui, en repassant très vite sur la foulée suivante.

Encore une fois, il convient de rester dynamique."

MOBILIER 2 URBAIN

BANCS sans dossier

SAUT SANS APPUI

EXERCICE

- Dans la course, sautez le banc sans prendre appui dessus et réceptionnez-vous de l'autre côté sur l'autre pied.
- Changez votre pied d'appui à chaque saut.

INTÉRÊT

Un excellent atelier permettant de travailler l'impulsion et la réception de façon ludique.

Un exercice tout bénéfice pour la coordination qui apprend aux coureurs sur route à "lever" les pieds.

DÉBUTANT

Les débutants chercheront à franchir des obstacles un peu plus bas.

CONFIRMÉ

Ces sauts peuvent s'enchaîner 6 fois, en prolongeant la course d'environ 3 mètres après la réception.
Changez de pied d'appui à chaque saut.

COMPÉTITEUR

Ces sauts peuvent s'enchaîner une dizaine de fois.
N'hésitez pas à changer de technique de franchissement :
- s'efforcer de raser le banc au plus près ;
- s'élever le plus haut possible ;
- atterrir le plus loin possible.

L'AVIS *d'Annette Sergent*

"Un bon travail pour le passage d'obstacles, tel un coureur de steeple sur la rivière !

Avec une réception plus forte que sur l'exercice précédent, soyez vigilant sur votre placement lors de l'amorti et réalisez cet exercice d'abord sur un obstacle bas et étroit."

MOBILIER 2 URBAIN

BANCS sans dossier

SAUT PIEDS JOINTS

EXERCICE

- Sautez sur le banc les pieds joints, sans élan, et enchaînez la redescente également en sautant pieds joints.
- La réception doit être soignée, en veillant à bien plier les genoux.
- Au contact du sol, veillez à faire le moins de bruit possible, atterrissez sur la pointe des pieds tout en fléchissant les genoux, puis maintenez l'équilibre en vous stabilisant complètement.

INTÉRÊT

Rien de tel pour soigner son impulsion et améliorer sa qualité de réception.

Au renforcement des quadriceps, des fessiers et des muscles lombaires se rajoute un travail articulaire des chevilles et des genoux particulièrement efficace.

DÉBUTANT

Les débutants se prépareront à cet atelier en commençant par des sauts avant et arrière sur des marches et des bordures de trottoir.

CONFIRMÉ

Préparez votre impulsion par trois petits sauts sur place, la dernière impulsion vous propulsant sur le banc.

Ces sauts montant et descendant peuvent se renouveler de 3 à 4 fois.

COMPÉTITEUR

À ce niveau, vous vous passez de sautillement pour démarrer les pieds joints à plat sur le sol.

Ces sauts montant et descendant peuvent se renouveler de 5 à 6 fois.

L'AVIS *d'Annette Sergent*

"L'exercice est très bénéfique pour le renforcement du bas du corps. Si vous ne le "sentez pas ", c'est que le banc est trop haut ou que vous êtes fatigué, n'insistez pas afin d'éviter la chute.

Les débutants ont intérêt à s'arrêter avant la fatigue.

Comme pour l'atelier précédent, il faut rester dynamique pour ne pas s'écraser sur la réception."

MOBILIER 2 URBAIN

BANC sans dossier

RENFORCEMENT DES DORSAUX

EXERCICE

• Allongé sur le ventre, le bassin dans le vide, maintenez les jambes tendues, les pieds joints.

INTÉRÊT

Un bon exercice de renforcement des lombaires et des fessiers.

Un travail isométrique pas très recommandé aux seniors, à cause de la compression des artères qu'il occasionne.

DÉBUTANT

Répétez 3 fois la posture en la maintenant 15 secondes.

CONFIRMÉ, COMPÉTITEUR

Répétez 5 fois la posture en la maintenant 30 secondes.

VARIANTE

L'exercice peut également se réaliser en effectuant des ciseaux jambes tendues.

Renouvelez 3 séries de 10 battements pour les débutants ou 5 séries de 10 battements pour les confirmés et compétiteurs.

L'AVIS d'Annette Sergent

"L'idée force doit rester le placement : bien serrer les fessiers, rentrer le ventre et contracter les abdominaux afin d'éviter de cambrer.

Si l'on sent que l'on ne tient plus rien, il est préférable d'arrêter pour éviter de se faire mal au dos."

MOBILIER 2 URBAIN

BANCS sans dossier

ABDOMINAUX

EXERCICE

- Assis sur le banc, exécutez des mouvements de pédalage et de rétropédalage.
- À réaliser après l'exercice précédent, selon le principe de renforcement musculaire requérant de travailler les muscles antagonistes.

INTÉRÊT

Un renforcement de la sangle abdominale facile à exécuter.

DÉBUTANT

Séries et répétitions libres, à renouveler selon son état de forme.

CONFIRMÉ

Renouvelez trois répétitions de 30 battements.

COMPÉTITEUR

Renouvelez trois répétitions de 50 battements.

VARIANTE

L'exercice peut également être réalisé pour le renforcement des obliques, le coude rejoignant le genou opposé.
Mouvement à alterner consécutivement à droite et à gauche.

L'AVIS d'Annette Sergent

"L'exercice chose peut être réalisé à terre, bien entendu.

La musculation de la sangle abdominale permet de rester bien positionné en course, de pouvoir résister à la fatigue. Il est préférable d'effectuer davantage de séries plus courtes, en se ménageant un temps de repos intermédiaire plutôt que d'augmenter la longueur des séries.
Pourquoi ? Pour maintenir une bonne posture.

Pensez à la progressivité, elle permet de garder de la motivation et de noter sa progression : j'ai fait 20 mouvements aujourd'hui, demain j'en ferai 30..."

MOBILIER 2 URBAIN

BANCS sans dossier

DANSE DES COSAQUES

EXERCICE

• En appui sur les mains, sautillez alternativement du pied droit au pied gauche en tendant la jambe opposée.

• Ce mouvement constitue un excellent échauffement avant des exercices de saut, par exemple.

INTÉRÊT

Un bon exercice de gainage dynamique.

DÉBUTANT

À éviter.

CONFIRMÉ

Effectuez 3 séries de 10 mouvements en vous ménageant 30 secondes de récupération entre chaque série.

COMPÉTITEUR

Effectuez 5 séries de 10 mouvements avec 15 secondes de récupération entre chaque série.

L'AVIS d'Annette Sergent

"Un travail intense de flexibilité, de force et d'équilibre !
À tester."

MOBILIER 2 URBAIN

BANCS sans dossier

ÉLÉVATIONS SUR QUADRICEPS

EXERCICE

- Le buste maintenu bien droit, le menton relevé et les mains sur la taille, placez un pied à plat sur le banc, montez sur cette jambe, posez le pied opposé sur le banc puis reposez-le au sol.
- Effectuez ces élévations sur chacune des jambes.
- Des montées dynamiques qui peuvent aussi se réaliser sur un muret.

INTÉRÊT

Cette musculation des quadriceps offre l'avantage de ne travailler qu'avec son poids de corps.

DÉBUTANT

Répétez 3 séries de 5 élévations par jambe.

CONFIRMÉ, COMPÉTITEUR

Répétez 3 séries de 10 élévations par jambe, 5 séries pour les plus costauds.

VARIANTE

Vous pouvez réaliser cet exercice en alternant les montées sur un rythme plus rapide, à la manière du stepper :
- montée sur la jambe droite,
- pose du pied gauche sur le banc,
- descente de la jambe droite,
- descente de la jambe gauche,
- puis montée sur la jambe gauche...

L'AVIS
d'Annette Sergent

"Il s'agit d'un bon exercice de musculation des quadriceps, qui va également faire travailler l'équilibre.

Évitez de choisir un banc haut afin de ne pas trop solliciter le genou."

MOBILIER 2 URBAIN

BANCS avec dossier

ÉTIREMENT DU DOS

EXERCICE

• Les mains légèrement écartées, agrippez-vous sur le bord du dossier, puis poussez sur les fessiers tout en contractant les abdominaux pour vous retrouver le dos plat.

INTÉRÊT

Vous procédez à un bon étirement des muscles du dos et de la colonne vertébrale.

DÉBUTANT, CONFIRMÉ, COMPÉTITEUR

Dans cette posture, respirez lentement 30 secondes puis redressez-vous pendant la même durée.

L'AVIS *d'Annette Sergent*

"Il est intéressant d'étirer la chaîne postérieure en douceur, sans risque de se faire mal.

L'intérêt ? Libérer le haut du dos des tensions où elles ont tendance à se concentrer.

Le haut du dos est très important pour la course à pied".

MOBILIER 2 URBAIN

BANCS avec dossier

POMPES INCLINÉES

EXERCICE

• Le corps droit, les abdominaux et les fessiers contractés, fléchissez et remontez sur les bras, les mains légèrement écartées posées sur le dossier du banc.

• L'exercice peut se réaliser sur le dossier ou le siège du banc, mais également sur des rambardes ou des murets.

INTÉRÊT

Le renforcement des pectoraux, des bras et avant-bras s'effectue avec son poids de corps.

DÉBUTANT

Enchaînez 3 séries de 5 répétitions avec une récupération intermédiaire à votre convenance.

CONFIRMÉ

Enchaînez 5 séries de 10 répétitions avec une récupération intermédiaire de 30 secondes maximum.

Prenez appui sur le siège du banc et non plus sur le dossier.

COMPÉTITEUR

Enchaînez 5 séries de 10 répétitions avec une récupération intermédiaire de 15 secondes maximum.

Corsez la difficulté : les pieds sont placés sur le banc, les mains posées au sol, les flexions accomplies sur le bout des doigts.

L'AVIS d'Annette Sergent

"Moins difficile que des pompes à terre, ce travail participe à la musculation du haut du corps.

Une bonne musculature permet de ne pas s'affaisser avec la fatigue de la course et de conserver une posture assez droite. Lorsque l'on s'affaisse, on devient moins efficace et on se retrouve en souffrance".

MOBILIER 2 URBAIN

BANCS avec dossier

MUSCULATION DU COU

EXERCICE

• Les mains posées sur le bord du dossier, les bras tendus, positionnez votre corps en pan incliné puis exécutez doucement des mouvements de gauche à droite et d'avant en arrière sans brusquer vos vertèbres cervicales.

INTÉRÊT

Le gainage du cou repousse les limites de la fatigue qui peut s'installer dans cette région du corps.
Savez-vous que la tête représente environ 1/8 du poids du corps ?
Le cou doit être renforcé pour supporter les nombreuses contraintes de la course.

DÉBUTANT, CONFIRMÉ, COMPÉTITEUR

Répétez 5 mouvements de gauche à droite puis 5 mouvements de haut en bas.
Renouvelez 3 à 4 fois l'exercice en intercalant des pauses de 30 secondes entre les séries.

L'AVIS d'Annette Sergent

"Cet exercice peut également s'effectuer debout, le buste droit. Dans cette posture, il permet aussi un très bon étirement du haut du dos.

Un mouvement qui sera alors adapté au retour au calme."

MOBILIER 3 URBAIN

RAMBARDES

BONDISSEMENTS

EXERCICE

- Les deux mains en appui sur la rambarde, les jambes légèrement écartées, les pieds parallèles, bondissez sur place en cherchant à monter le bassin le plus haut possible.
- Soignez la réception afin d'enchaîner les sauts.

INTÉRÊT

En agissant sur les muscles fléchisseurs, cet exercice renforce les chevilles et améliore la qualité d'appui et de réception.

Il s'agit d'une excellente préparation aux montées d'escaliers pour les débutants.

DÉBUTANT

Renouvelez 3 séries de 15 bonds.

CONFIRMÉ, COMPÉTITEUR

En guise d'échauffement, renouvelez de 3 à 5 séries de 15 à 20 bonds.

L'AVIS d'Annette Sergent

"Un atelier qui apporte de la variété et fait bosser l'impulsion.

Il permet de faire travailler les bras et d'alléger la charge au niveau des jambes."

MOBILIER URBAIN 3

RAMBARDES

ACCÉLÉRATIONS

EXERCICE

- Les deux mains en appui sur la rambarde, montez les talons aux fesses en accélérant votre course sur place.

INTÉRÊT

Les jambes peuvent aller très vite tout en restant dans l'axe.
Cet atelier corrige les coureurs dont le pied a tendance à partir à l'extérieur ou à l'intérieur.
En s'allégeant du poids du haut du corps, l'exercice facilite la vitesse d'exécution.
Il s'agit d'un excellent travail d'échauffement et de dynamisation des ischio-jambiers.

DÉBUTANT

Enchaînez 3 séries de 15 à 20 secondes avec une récupération libre.

CONFIRMÉ, COMPÉTITEUR

Renouvelez 5 séries de 15 à 20 secondes avec une récupération intermédiaire équivalente de 15 à 20 secondes entre chaque série.

L'AVIS d'Annette Sergent

"Une bonne position de pied compte en course, cela évite de perdre de l'énergie et limite les risques de blessure. Certains coureurs s'adaptent et courent avec des pieds en dedans ou en dehors, mais l'idée est d'éviter que des défauts s'installent."

MOBILIER 3 URBAIN

RAMBARDES

TRACTIONS

EXERCICE

• En vous glissant sous la rambarde, maintenez-la en supination (paumes de main face à vous) pour vous tracter énergiquement.

INTÉRÊT

Le renforcement des biceps et des pectoraux.

DÉBUTANT, CONFIRMÉ, COMPÉTITEUR

Renouvelez 3 à 4 séries de 5 tractions.

VARIANTE

L'exercice sera rendu plus difficile s'il est réalisé jambes tendues.

L'AVIS d'Annette Sergent

"Les bras jouent un rôle important dans la course : plus le haut du corps est gainé et musclé, plus on va courir relâché. Il peut arriver de ressentir une fatigue du haut du corps quand on court.

Un exercice vivement recommandé pour celles et ceux qui peinent avec les tractions sous barrière.

Dans un principe de progression, on commence sans le poids du corps, ce qui est plus facile."

RAMBARDES

ÉTIREMENT BALISTIQUE

EXERCICE

• Face à la rambarde, montez la jambe latéralement le plus haut possible en la faisant passer devant la jambe d'appui.

• Cet étirement dynamique, bien connu des footballeurs, constitue un bon échauffement avant la course.

L'INTÉRÊT

Le renforcement des adducteurs et l'entraînement à l'ouverture du bassin.

DÉBUTANT, CONFIRMÉ, COMPÉTITEUR

Renouvelez de 3 à 5 séries de 10 élévations pour chacune des jambes.

L'AVIS d'Annette Sergent

"Un exercice intéressant pour travailler les muscles qui ne sont pas dans l'axe de la course comme les adducteurs et les pyramidaux."

MOBILIER 3 URBAIN

RAMBARDES

RENFORCEMENT DES FESSIERS

Fiche 23

EXERCICE

- Face à la rambarde, le dos plat, levez la jambe en arrière jusqu'à l'horizontale, puis reposez-la.

INTÉRÊT

Une musculation dynamique des fessiers, muscles essentiels dans la propulsion du corps.

DÉBUTANT, CONFIRMÉ, COMPÉTITEUR

Renouvelez de 3 à 5 séries de 5 mouvements par jambe.

L'AVIS
d'Annette Sergent

"Un exercice que l'on peut exécuter sur un tapis à domicile, mais il est bien de le faire ainsi en extérieur, en s'aidant de la barrière.

Il faut juste penser à ne pas se cambrer - parce que les bras sont plus haut - et à fixer le bassin en contractant les abdominaux."

MOBILIER 3 URBAIN

RAMBARDES

ÉTIREMENT DES ISCHIO-JAMBIERS

EXERCICE

- Le pied sur la rambarde, jambe tendue, recherchez l'étirement de l'ischio-jambier en inclinant le buste. Inspirez et expirez profondément.
- Ne recherchez pas des rambardes trop hautes.
- Cet exercice se réalise sur des mobiliers plus bas, comme des murets ou des rambardes basses.

INTÉRÊT

Un étirement traditionnel qu'il ne faut pas hésiter à effectuer sur des mobiliers bas pour se concentrer sur l'étirement et préserver son dos.

DÉBUTANT, CONFIRMÉ, COMPÉTITEUR

Maintenir la position de 3 à 6 secondes de chaque côté en respirant lentement.
Renouveler la posture de 3 à 5 fois.

L'AVIS d'Annette Sergent

"Attention à ne pas monter la jambe trop haut ! C'est une mauvaise habitude très souvent prise.

À froid ou, au contraire, après des efforts importants, je ne le conseille pas...

Comme tous les étirements, il ne s'agit surtout pas de tirer sur les ischio-jambiers, mais d'effectuer un relâchement devant permettre au muscle de retrouver son allongement initial et d'être drainé.

Ce relâchement sera obtenu en expirant lentement."

MOBILIER 3 URBAIN

BARRIÈRES HAUTES

RELAXATION

EXERCICE

- Suspendu à la barre, les bras tendus et les épaules relâchées, basculez la tête en arrière pour dégager les voies respiratoires en respirant lentement et profondément.
- Étirez les vertèbres lombaires par des petits déhanchements.

INTÉRÊT

À la sensation apaisante, se rajoute un étirement bénéfique des chaînes musculaires postérieures et de la colonne vertébrale.
Un excellent exercice de retour au calme qui mobilise les vertèbres L4 et L5, souvent à l'origine de problèmes de sciatique.

DÉBUTANT, CONFIRMÉ, COMPÉTITEUR

Maintenez cette position de détente quelques secondes sans forcer.
À renouveler 2 ou 3 fois.

L'AVIS d'Annette Sergent

*"Un exercice de fin de séance intéressant.
Attention toutefois à ne pas se suspendre à une barrière trop haute car à chaque saut pour retrouver le sol, on se tasse à nouveau.*

*L'idéal est de maintenir le buste droit et les jambes légèrement pliées.
Il est préférable de réaliser cet exercice en conservant les pieds au sol."*

MOBILIER 3 URBAIN

BARRIÈRES HAUTES

TRACTIONS EN PRONATION

EXERCICE

- Les mains en pronation (paumes tournées vers la barrière), les bras légèrement écartés, tractez-vous en expirant à chaque élévation puis freinez la descente en inspirant.
- Les genoux levés ajoutent un travail des abdominaux.

INTÉRÊT

Le renforcement des muscles dorsaux et des épaules.

DÉBUTANT

Les débutants remplaceront cet atelier très exigeant par des pompes inclinées (page 62) et des tractions sous barrière (page 70).

CONFIRMÉ

Renouvelez 5 séries de 3 tractions en montant la tête au niveau de la barrière.

COMPÉTITEUR

Comme pour le niveau confirmé, renouvelez 5 séries de 3 tractions, mais cette fois-ci en passant la tête au-dessus de la barrière.

L'AVIS d'Annette Sergent

"Bon courage car il faut pouvoir y parvenir !

Certainement plus facile à réaliser pour les hommes.

Il ne s'agit pas de se faire des ''biceps d'enfer'' mais c'est intéressant de tout muscler."

MOBILIER URBAIN 3

BARRIÈRES HAUTES

TRACTIONS EN SUPINATION

EXERCICE

• Les mains en supination (paumes tournées vers vous), les bras légèrement écartés, tractez-vous en expirant à chaque élévation puis freinez la descente en inspirant.

INTÉRÊT

Le renforcement des muscles dorsaux et des épaules se complète par celui des biceps.

DÉBUTANT

Les débutants se prépareront à cet atelier en priorisant les pompes inclinées (page 62) et des tractions sous barrière (page 70).
Les premières tractions seront aidées par un petit bondissement.

CONFIRMÉ

Renouvelez 5 séries de 3 tractions en montant la tête au niveau de la barrière.
Les premiers essais peuvent être facilités par une légère propulsion au départ.

COMPÉTITEUR

Renouvelez 5 séries de 5 tractions.

L'AVIS d'Annette Sergent

"La plupart des ateliers de renforcement musculaire du haut du corps doivent être considérés d'un point de vue de la santé et du bien-être.

Les tractions ne sont pas directement bénéfiques pour la course à pied, mais participent à un équilibre physique général."

MOBILIER 4 URBAIN

POTELETS SIMPLES

ÉTIREMENT BALISTIQUE

EXERCICE

- Face au potelet, passez une jambe par-dessus, de gauche à droite puis de droite à gauche en conservant l'équilibre sur votre jambe d'appui.
- Ensuite, passez sur l'autre jambe.
- La gestuelle doit être bien contrôlée.
- Vous devez penser à bien respirer et non pas effectuer ces mouvements en apnée.

INTÉRÊT

Un tel exercice favorise l'ouverture du bassin par des étirements dynamiques et entretient la mobilité coxo-fémorale (l'articulation qui joint la cuisse au bassin).

DÉBUTANT, CONFIRMÉ, COMPÉTITEUR

Renouvelez 3 ou 4 séries de 5 mouvements par jambe.

VARIANTE

Pour les personnes peu souples, si les potelets sont trop hauts, exercez-vous plutôt avec des petits plots en exagérant le mouvement.

L'AVIS d'Annette Sergent

"Il s'agit de la reproduction du travail effectué sur les haies en athlétisme. Ici, on va s'en servir pour vérifier que le bassin est bien placé, ni trop en avant, ni trop en arrière.

L'exercice va permettre de travailler la flexibilité, notamment au niveau des hanches, sans provoquer de déséquilibre."

MOBILIER 4 URBAIN

POTELETS EN SÉRIE

SLALOM

Fiche **29**

EXERCICE

- Slalomez entre les potelets en vous efforçant de virer au plus près.
- Lors des appuis latéraux, accentuez la poussée au niveau du pied sans vous écraser au sol.
- Les épaules doivent rester relâchées, le buste ne se fléchit pas et reste orienté dans l'axe de la course.

INTÉRÊT

La mobilisation latérale des chaînes musculaires et articulaires est excellente pour le renforcement des chevilles et des genoux, mais également pour la coordination.
Les coureurs à pied négligent trop souvent ce travail latéral en courant uniquement en ligne.

DÉBUTANT

Enchaînez des allers-retours en petite foulée en vous appliquant sur la qualité des appuis latéraux.

CONFIRMÉ

Accélérez l'allure en insistant sur la propulsion latérale.
Vous pouvez enchaîner un aller-retour rapide et un plus lent.

COMPÉTITEUR

Ajoutez un entraînement cardio-vasculaire de fractionné au slalom en enchaînant 30 secondes à bloc à l'aller puis 30 secondes de récupération active au petit trot sur le retour.

L'AVIS d'Annette Sergent

"C'est un bon entraînement pour le cross ou le trail, des disciplines qui exigent souvent de descendre sur des appuis latéraux.

Un atelier également bénéfique pour le travail de la cheville, afin d'éviter des entorses.

Les coureurs ont tendance à ne pas faire ce genre d'exercice par crainte des entorses, mais les ligaments doivent être mobilisés pour être renforcés."

PLOTS

ÉQUILIBRE DYNAMIQUE

Fiche 30

EXERCICE

• Face au plot, les deux pieds parallèles légèrement écartés, sautez sur le sommet en vous réceptionnant sur la partie antérieure du pied et stabilisez-vous dans cette position.

INTÉRÊT

Au travail d'équilibre se rajoute un renforcement des chevilles.

DÉBUTANT, CONFIRMÉ, COMPÉTITEUR

Renouvelez de 3 à 5 fois l'exercice.

VARIANTE

Le même mouvement peut s'exécuter sur un pied.

L'AVIS d'Annette Sergent

"Un travail de proprioception intéressant car beaucoup de muscles vont être sollicités pour conserver l'équilibre. Le corps doit apprendre à réagir aux faux appuis pour éviter les entorses.

S'entraîner à l'acquisition de réflexes permettant de se stabiliser est très important."

MOBILIER 4 URBAIN

PLOTS

ÉQUILIBRE STATIQUE

EXERCICE

• Le premier tiers du pied posé sur le plot, l'autre au sol, redressez-vous sur la jambe d'appui et stabilisez-vous dans cette position, un pied sur le plot, l'autre dans le vide.

• Une fois l'équilibre atteint, maintenez la jambe arrière pliée.

INTÉRÊT

L'équilibre et la stabilité de la cheville.

DÉBUTANT, CONFIRMÉ, COMPÉTITEUR

Maintenez la position de 10 à 15 secondes sur chaque pied.

VARIANTE

De nombreuses autres postures peuvent être imaginées :

- la jambe avant pliée, genou relevé ;
- la jambe avant tendue...

Soyez imaginatif !

L'AVIS *d'Annette Sergent*

"Un bon exercice de proprioception qui ne se localise pas uniquement au niveau de la cheville."

MOBILIER 4 URBAIN

PLOTS

SAUTS PIEDS JOINTS

EXERCICE

• Face au plot, les deux pieds joints, sautez par-dessus sans prise d'élan.

• Faites demi-tour puis repassez de l'autre côté.

• Appliquez-vous à sauter le plus haut possible.

INTÉRÊT

Un excellent atelier de propulsion et de réception.

DÉBUTANT, CONFIRMÉ, COMPÉTITEUR

Renouvelez 5 séries de 6 sauts.

L'AVIS d'Annette Sergent

"Un exercice similaire à celui du banc qui permet de varier les entraînements.

Pour les débutants, ces sauts sont plus accessibles afin de ne pas prendre de risque et d'encourager la progression."

SAUTS LATÉRAUX

EXERCICE

• Pieds parallèles au plot, passez par-dessus et enchaînez les sauts d'un côté puis de l'autre en donnant du rythme.

INTÉRÊT

Au travail d'impulsion et de réception s'ajoute un excellent exercice d'appui latéral.
Idéal pour se préparer au ski ou au tennis.

DÉBUTANT

Renouvelez 5 séries de 6 sauts en vous aidant à la réception par un redoublement de sauts sur place et en marquant une pause de 15 à 20 secondes entre les séries.

CONFIRMÉ

Renouvelez 5 séries de 10 sauts sans redoublement.

COMPÉTITEUR

Enchaînez 10 séries de 10 sauts sans redoublement.

L'AVIS d'Annette Sergent

"Le plot ne doit pas être trop haut ni large afin que vous puissiez rester dynamique et donc efficace.

Pour les débutants, vous pouvez marquer les temps de réception puis, au fur et à mesure des séances, vous enchaînerez les sauts d'un côté à l'autre."

MOBILIER URBAIN 4

PLOTS

CHANGEMENTS DE PIED

EXERCICE

• Un pied au sol, un pied sur le plot, sautez latéralement pour poser l'autre pied sur le plot et repartez en donnant du rythme à votre enchaînement.

INTÉRÊT

Un exercice d'amorti et de propulsion qui fait travailler le dynamisme de la foulée.

DÉBUTANT

Préférez les exercices de saut plus simples.

CONFIRMÉ

Renouvelez 5 séries de 10 sauts en marquant un temps de récupération de 15 secondes entre les séries.

COMPÉTITEUR

Enchaînez 10 séries de 10 sauts en marquant un temps de récupération de 15 secondes entre les séries.

L'AVIS d'Annette Sergent

"Si cet exercice est bien rythmé, il va également permettre un bon travail cardio-respiratoire."

MOBILIER 4 URBAIN

BORDURES DE TROTTOIRS

STEPPER

Fiche **35**

EXERCICE

• Un pied au sol, l'autre sur le trottoir, alternez des ciseaux en sautillant sur place, comme sur un stepper.

INTÉRÊT

Un exercice simple et efficace pour l'échauffement des chevilles et la préparation cardio-vasculaire.

DÉBUTANT, CONFIRMÉ, COMPÉTITEUR

Répétez 5 séries d'une vingtaine de secondes.

L'AVIS d'Annette Sergent

"C'est comme le stepper avec l'aspect dynamique en plus.

Un travail réalisé avec pas grand-chose, intéressant pour les membres inférieurs et le cœur. À réaliser à la fin d'un échauffement, par exemple."

MOBILIER 5 URBAIN

POTEAUX ET BORDURES DE TROTTOIRS

RELAXATION ARTICULAIRE

EXERCICE

- En équilibre sur une bordure de trottoir, une main sur un appui vertical, laissez pendre l'autre jambe dans le vide et balancez-la d'avant en arrière par des mouvements lents et relâchés.
- La jambe doit rester tendue et l'amplitude ne doit pas être exagérée.
- Il s'agit d'un mouvement de détente qui a sa place tout au long de la séance :
  - entre les séries,
  - à tout moment de fatigue articulaire,
  - en fin de course.

INTÉRÊT

Cet atelier libère les tensions articulaires et améliore la mobilité de la hanche, des genoux et des chevilles.

DÉBUTANT, CONFIRMÉ, COMPÉTITEUR

De 30 à 50 secondes de balancier par jambe suffisent à retrouver une certaine élasticité.

L'AVIS d'Annette Sergent

"L'exercice peut se réaliser de deux façons.

En mode dynamique, en donnant de l'élan par un balancement de la jambe. Celle-ci doit être contrôlée : l'amplitude du mouvement de la jambe se limitant par le maintien du bassin.

L'autre possibilité est de réaliser l'exercice dans une posture de relâchement statique effectué en fin de séance."

MOBILIER 5 URBAIN

POTEAUX ET BORDURES DE TROTTOIRS

MUSCULATION DES MOLLETS

EXERCICE

- En appui sur la bordure du trottoir, les deux pieds parallèles, les talons dans le vide, équilibré par un appui vertical (poteau, mur, ...), baissez lentement les talons puis remontez-les.
- Renouvelez ce mouvement.

INTÉRÊT

Un renforcement musculaire des mollets facilement réalisable.

DÉBUTANT

Renouvelez 3 séries de 20.

CONFIRMÉ, COMPÉTITEUR

Renouvelez 5 séries de 20.

L'AVIS
d'Annette Sergent

"C'est tout bénéfice de travailler ses mollets, qui sont un élément moteur de la propulsion.

S'ils ne sont pas assez costauds, le risque de blessure survient. Le tendon d'Achille peut souffrir lui aussi."

POTEAUX ET BORDURES DE TROTTOIRS

ÉTIREMENT DES MOLLETS

EXERCICE

• La pointe de pied sur le bord du trottoir, laissez descendre votre talon par la pression du poids du corps et maintenez cette posture une trentaine de secondes.

INTÉRÊT

Un étirement facile des mollets.

DÉBUTANT, CONFIRMÉ, COMPÉTITEUR

Renouvelez la posture de 3 à 5 fois.

L'AVIS d'Annette Sergent

"Sur ce type d'exercice, il faut y aller en douceur pour laisser le poids du corps faire. Mieux vaut rester quelques secondes et recommencer plusieurs fois.

Un mouvement qui étire également la voûte plantaire. Pensez que le pied est essentiel pour le coureur."

ARBRES

POUSSÉE HORIZONTALE

EXERCICE

- En fente avant, les bras tendus à l'horizontale, les mains en appui sur le tronc, poussez sur la jambe arrière, le bassin placé vers l'avant. La poussée se dirige sur l'avant.
- Alternez une jambe puis l'autre.
- L'exercice peut se réaliser contre un mur ou un poteau.

INTÉRÊT

Une posture de renforcement musculaire bénéfique pour l'amplitude de la foulée.

DÉBUTANT, CONFIRMÉ, COMPÉTITEUR

Renouvelez 5 à 6 répétitions de 10 secondes par jambe.

L'AVIS d'Annette Sergent

"Intéressant pour les chaînes postérieures, cet exercice permet un renforcement du corps en général avec une alternance contraction/relâchement.

La poussée agit sur la puissance et l'efficacité de la foulée."

MOBILIER 5 URBAIN

GRILLE

OUVERTURE DU THORAX

Fiche 40

EXERCICE

• Une posture quasi assimilable à un mouvement de yoga. Les bras accrochés aux barreaux, tendez-vous comme un arc en ouvrant le thorax le plus largement possible, la tête rejetée en arrière.

INTÉRÊT

Cette posture améliore l'élasticité de la cage thoracique et permet une récupération plus rapide entre les séries de courses à intensité soutenue.

DÉBUTANT, CONFIRMÉ, COMPÉTITEUR

Renouvelez de 1 à 3 mouvements de respiration.

VARIANTE

Accentuez la gestuelle par l'élévation d'un genou.

L'AVIS *d'Annette Sergent*

"Voilà un exercice original permettant d'activer la partie antérieure du corps, ce qui se fait assez peu. Pourtant, les muscles thoraciques sont sollicités à l'effort et ont, eux aussi, besoin d'être relâchés et étirés."

MOBILIER 6 URBAIN

MURS

CHAISE À QUADRICEPS

EXERCICE

- Le dos en appui contre le mur, maintenez une position assise, les jambes à 45°.
- L'exercice peut s'effectuer également contre un arbre ou un poteau.

INTÉRÊT

Un excellent renforcement des quadriceps obtenu par un travail en isométrie.

DÉBUTANT

Renouvelez 3 à 4 répétitions de 5 à 6 secondes.

CONFIRMÉ, COMPÉTITEUR

Allongez le maintien de la posture de 10 à 15 secondes et augmentez progressivement le nombre de répétitions de 5 à 10.

L'AVIS d'Annette Sergent

"Cet exercice est souvent conseillé pour la rééducation ou la reprise d'une activité musculaire car le travail en isométrie est efficace et sans risques de mauvais placement : le dos bien collé au mur, la chaise ne peut provoquer de blessure ou de cambrure."

MOBILIER 6 URBAIN

MURETS BAS

FENTE AVANT

EXERCICE

• Un pied sur le muret, la jambe fléchie, étirez le quadriceps de la jambe opposée en vous relaxant.

• Veillez à conserver le dos bien droit, la tête redressée et les épaules basses.

• Cet exercice se réalise également sur un banc ou une barrière basse.

INTÉRÊT

Cet exercice traditionnel de gymnastique permet de travailler l'amplitude gestuelle et le placement du bassin.

DÉBUTANT, CONFIRMÉ, COMPÉTITEUR

Maintenez la position environ 6 secondes de chaque côté en respirant lentement. Renouvelez la posture 3 à 4 fois.

L'AVIS d'Annette Sergent

"Il ne s'agit pas de tirer mais de conserver une posture en respirant profondément et en soufflant bien. Trop d'amateurs pensent souvent à tirer sur le muscle, ce qu'il faut surtout éviter. Il faut se mettre en position et se relâcher en soufflant tranquillement et pour gagner de l'amplitude.

L'erreur fréquente consiste à maintenir l'étirement trop longtemps alors qu'il est préférable de faire des changements de jambe.

La controverse actuelle sur les étirements tient au fait qu'ils sont souvent mal exécutés. C'est pour cette raison qu'il faut les réaliser en douceur, en étant à la fois concentré et relâché. On parle ici d'étirements passifs de récupération."

MOBILIER 6 URBAIN

MURETS BAS

MUSCULATION DES TRICEPS

EXERCICE

- Placez-vous dos au muret, les mains en appui, les jambes tendues et descendez vers le sol en fléchissant les bras.
- Cet atelier peut être réalisé sur un banc.

L'INTÉRÊT

L'objectif consiste à renforcer harmonieusement les chaînes musculaires du haut du corps – triceps et dorsaux –, importantes pour le maintien du buste pendant la course.

DÉBUTANT

Les flexions peuvent se réaliser jambes fléchies, puis une jambe fléchie et l'autre jambe tendue. Enchaînez 3 séries de 5 mouvements avec une récupération intermédiaire de 30 à 40 secondes entre les séries.

CONFIRMÉ

Les jambes tendues, renouvelez 3 séries de 10 flexions avec une récupération intermédiaire de 30 à 40 secondes entre les séries.

COMPÉTITEUR

Les jambes tendues, répétez 4 à 6 séries de 10 flexions avec une récupération intermédiaire de 30 à 40 secondes entre les séries.

L'AVIS d'Annette Sergent

"Exercice très efficace, mais là également il convient d'y aller doucement et progressivement si l'on n'est pas assez musclé."

MOBILIER 6 URBAIN

MURETS BAS

ÉTIREMENT DES ISCHIO-JAMBIERS

Fiche 44

EXERCICE

- Un pied sur le muret, la jambe tendue, recherchez l'étirement de l'ischio-jambier en inclinant le buste.
- Inspirez et expirez profondément.
- N'oubliez pas de vous exercer des deux côtés.
- Un exercice également réalisable sur des rambardes.

INTÉRÊT

Un étirement traditionnel qu'il ne faut pas hésiter à réaliser sur des mobiliers bas pour se concentrer sur l'étirement et préserver son dos.

DÉBUTANT, CONFIRMÉ, COMPÉTITEUR

Maintenir la position en respirant lentement.

Renouveler la posture de 3 à 5 fois.

L'AVIS d'Annette Sergent

"On effectue souvent cet exercice sur des mobiliers trop hauts.

Ce relâchement sera valable pour les ischio-jambiers, mais aussi pour le psoas qui n'est pas souvent étiré.

Le relâchement permet au muscle de retrouver son élasticité de base et de drainer les tissus musculaires en facilitant le flux sanguin, ce qui permet d'éliminer les toxines."

MOBILIER 6 URBAIN

MURETS BAS

ÉTIREMENT DES ADDUCTEURS

EXERCICE

• Placez-vous parallèlement au muret, sans chercher à monter la jambe trop haut.

• Recherchez l'étirement des adducteurs en conservant le buste droit et l'autre jambe tendue puis changez de côté.

INTÉRÊT

Un exercice simple sollicitant des muscles souvent peu étirés en course.

DÉBUTANT, CONFIRMÉ, COMPÉTITEUR

Maintenir la position en respirant lentement.
Renouveler la posture de 3 à 5 fois.

L'AVIS d'Annette Sergent

"Les adducteurs sont moins sollicités en course en ligne, mais le sont davantage dès que le sol est instable.

Les étirements des différentes chaînes musculaires sont de toute façon nécessaires pour permettre de drainer les muscles après la course, même "en ligne"."

index des ateliers

Étirements et relaxation

	Page	Fiche
Adducteurs	84	28
	72	22
	118	45
Dos	60	16
	78	25
Ischio-jambiers	76	24
	116	44
Ischio-jambiers et quadriceps	100	36
Mollets	104	38
Quadriceps	112	42
Thorax	108	40

Préparation spécifique

	Page	Fiche
Appuis	34	3
	42	7
	46	9
	86	29
	88	30
	94	33
Coordination	30	1
	40	6
	96	34
	98	35
Équilibre	88	30
	90	31
	56	14

	Page	Fiche
Explosivité	32	2
	34	3
Fréquence	30	1
	40	6
	44	8
	68	20
Impulsion	30	1
	32	2
	38	5
	50	11
	66	19
	92	32
	94	33
	98	35
Puissance	30	1
	32	2
	36	4
	38	5
Réception	36	4
	42	7
	46	9
	48	10
	50	11
	92	32
	94	33

Renforcement musculaire	Page	Fiche
Abdominaux	54	13
Chevilles	38	5
Cou	64	18
Dorsaux - épaules	80 82	26 27
Dorsaux	52	12
Fessiers	74	23
Gainage	56 106	14 39
Mollets	102	37
Pectoraux/biceps	70	21
Pectoraux/triceps	62	17
Quadriceps	32 44 58 110	2 8 15 41
Triceps	114	43

notes personnelles